Während ich glaubte, ich würde lernen, wie man leben soll, habe ich gelernt zu sterben.

Leonardo Da Vinci

Dieses Buch wird keine lange Einleitung haben, die Du bereits gewohnt bist oder erwartest.
Ich werde nicht über den Sinn des Lebens sprechen, weder über Disziplin, Gesundheit oder Weiteres.
Sei einfach Gut zu allen. Der Rest liegt an dir.
Wenn du nach finanzieller Freiheit strebst, dann werd finanziell frei.

Dieses Buch gibt keine Garantie oder Gewährleistung, dass diese Methoden zu 100% funktionieren.
Ich denke, dass es eine wichtige Lektion ist für viele junge Menschen, die nicht wissen oder nicht daran glauben, dass man mit einfachen Schritten Reich bzw. finanziell Unabhängig werden kann.

Dies ist nur eine Theorie, die ich mit Euch teilen möchte, die einfach Sinn ergibt. Falls du Bestätigung suchst, wirst du sicherlich Menschen finden, die durch solch eine Methode reich wurden.

Kurze Einleitung zu meiner Person:
Ich bin 25, leidenschaftlicher Filmmacher & Unternehmer aus Mainz.
Lebe mittlerweile halb in Berlin. Lange Story.
Während ich das schreibe, sitze ich im Zug auf der Fahrt von Frankfurt nach Berlin.
Im Moment bin ich noch nicht Reich. Aber das ist ein ganz anderer Fall.
Eventuell publiziere ich irgendwann weitere Gedanken, aber ich denke für Heute ist das Genug.

Lasset uns beginnen.

SCHRITT 1 - FIXKOSTEN RECHNER

Wie viel Geld benötigst du, um deine Fixkosten zu decken?

Erst musst du Fixkosten verstehen.
Diese beinhalten alle Kosten, die du nicht ändern kannst, aber monatlich zahlen musst, um zu leben.
Dann gibt es variable Kosten. Kosten, die verringert werden können.

Fix: Miete. Essen. Trinken. Internet. Sport.
Variabel: Reisekosten. Spaß.

Was BRAUCHST du wirklich?
Musst du jeden Tag draußen essen?
(Ich selbst mag es nicht ständig draußen zu essen, alles schmeckt Zuhause besser + es spart dir Geld.)

Spaß. Ich verstehe, dass du mit deinen Freunden ausgehen möchtest.
Aber wenn du wirklich gute und echte Freunde hast, werden sie dich immer unterstützen, wenn du ihnen sagst, dass du im Hustle-Mode bist und nicht öfter, als 1-2 mal /Woche ausgehen möchtest. Wenn du noch weniger hinkriegst - besser für dich.

Reisekosten. Falls du ein Auto hast: Brauchst du es wirklich? Dazu komme ich später noch.
Lass uns den groben Rechner anschmeißen.

Beispiel 1:
Kevin lebt bei seinen Eltern. Er braucht sich nicht um Miete oder Essen sorgen.
Seine liebevollen Eltern kümmern sich um ihn.
Kevin braucht 30 € für seinen Mobilfunkvertrag. 30 € fürs Gym.
Er gibt durchschnittlich aus:
140 € für Kfz-Versicherung
100 € für Tank.
350 € zum Ausgehen.
150 € zum draußen Essen.

Das ist nur ein schnelles Beispiel. Du kannst es sinngemäß nutzen und deine Kosten hinzufügen wie beispielsweise: Mietbeteiligungen, Kinder, etc... Dieses Beispiel ist vereinfacht, damit jeder es versteht.

Also Kevin BRAUCHT: 60 € pro Monat.
Variable kosten: 740 €
Total: 800 €

Aber braucht er wirklich sein Auto? Was ist, wenn er 60 € für eine Monatskarte ausgibt.
Das würde ihm 180 € der variablen Kosten ersparen.
Er könnte ausgehen um die Hälfte reduzieren: 170 €.
(Man kann sich mit Freunden auch ohne Geld auszugeben amüsieren).
Ich würde sagen 150 € um von draußen zu essen ist realistisch.
Manchmal sind die Eltern arbeiten, erschöpft oder essen selbst außerhalb.
Und manchmal will man einfach selbst was anderes Essen. Das ist völlig okay.

Also wären die Kosten jetzt

FIX: 60€
VARIABEL: 380€
Total: 440€ -> Lass auf 500€ aufrunden.

Mit 500€ kann Kevin immer noch sein Leben wie davor leben.
Wenn du ausreichend diszipliniert bist und wirklich hustlen WILLST,
dann kannst du hier sogar mehr streichen.
(Wenn du neue Kleidung brauchst, findest du genug für 20-30€ im Internet.
Niemanden interessieren Marken oder wie teuer dein T-Shirt ist.)
Für jetzt arbeiten wir mit den 500. Das ist jetzt die Obergrenze.

Du musst jetzt 500€ im Monat organisieren, sodass du angenehm über die Runden kommst.
Was tun? Arbeiten. Geh arbeiten.

SCHRITT 2 - SPARE FÜR DEIN UNTERNEHMEN

Wir brauchen 500€ pro Monat, um auf uns selbst aufzupassen.
Wir brauchen KEINE sonderliche Ausbildung oder Fähigkeit in einem Feld, um einen Job zu finden.
Es ist okay, wenn die Suche dauert. Mach dich nicht traurig. Wir leben nicht, um traurig zu sein.
Ich weiß nicht, wo ich dieses Zitat gelesen habe und von wem es stammt, aber wichtig ist:

„Slow is smooth and smooth is fast." (Langsam ist sanft und sanft ist schnell).

Du wirst nichts erreichen, wenn du hektisch bist.
Verringer einfach deinen Stress-Pegel, blende Dinge aus. Mach einfach.

Finde einen Job. Eine Vollzeitstelle.
Das heißt du arbeitest 40 Std. die Woche.
Du verdienst mind. 12€/Std. bei einem durchschnittlichen Job.
Du hast 1200€ im Monat auf deiner Bank.
Abzüglich Fixkosten bleiben: 700€.

Wenn du eine Person hast, der du vertraust, gib ihr monatlich diese 700€ und sag ihr, sie soll dir das
Geld erst geben, wenn du es zum Investieren brauchst. (Aus den Augen aus dem Sinn)
Nach 10 Monaten hast du mind. 7K€. (Je nach Job)

Ein Monat hat 720 Stunden. Du verbrauchst 240 für Schlaf (8Std./Tag). 160 für deinen Job.
Ca. 160 für Fahrerei, Essen, Ausgehen, etc.
160 Stunden bleiben übrig.
Wach.

Wie gesagt ist das kein Buch, dass dir erklärt wie du produktiv wirst oder welchen Rhythmus du
brauchst, welche Trainingseinheiten, etc.. Wenn es deine Priorität ist, wirst du deine Zeit von nun an
richtig nutzen. Wenn nicht, DANN WILLST DU NICHT REICH WERDEN.

Was machst du mit den übrigen 160 Stunden? Das sage ich dir.

SCHRITT 3 - FINDE EIN PRODUKT

Das ist genauso einfach, wie es da geschrieben steht. Finde ein Produkt, um es zu verkaufen. Wenn du irgendwelche Interessen oder Vorkenntnisse in einem Bereich hast: umso besser. Aber wir brauchen nur ein Produkt, was verkauft werden kann. Analysiere deine Umgebung. Was wird in deinem Umfeld verwendet? Nachbarn, Familie, Mitbürger.
Wir nehmen eine Wanduhr als Beispiel.
Sorry, dass mir kein kreativeres Beispiel in den Sinn kommt, aber es ist 1 Uhr Nachts. Sitze noch im Zug. Aber für ein Beispiel reicht es.

Eine Wanduhr kostet durchschnittlich 15-20 €. Du denkst vielleicht: Das ist doch zu günstig. Ja. Genau nach so etwas suchen wir.
Wir brauchen ein Produkt, dass sich rasch verkauft. Sodass man es nicht bereut, „nur" 15-20 € für ein einfaches Produkt ausgegeben zu haben, dass cool aussieht oder was Cooles macht.

Warum habe ich aber diese 160 Stunden erwähnt?

SCHRITT 4 - RECHERCHE

Wir beginnen, unsere Zeit sinnvoll zu nutzen.
Nach der Arbeit gehst du nach Hause. Gelassen. Motiviert. Iss etwas.
Schnapp dir dein Handy, Laptop, PC oder womit auch immer du ins Internet gelangst.

Finde Details heraus:

Wer benutzt Wanduhren?
Wo kauft man Wanduhren?
Wo verkauft man Wanduhren?
Wie groß ist der Wettbewerb?
Was kannst du verbessern?
Hast du eine Person in deinem Bekanntenkreis, die sich für dein Produkt interessieren?

Also ist die erste, zusammengefasste Frage: Gibt es einen Markt oder muss ich die Nachfrage für das Produkt selbst schaffen?
Stress dich nicht. Es wird immer einen Weg geben.
Wenn du in das Produkt und an dich selbst glaubst, wirst du es schon hinkriegen. Nutze deine Zeit.

Die zweite, zusammengefasste Frage sollte sein: Welches Produkt will ich einkaufen?

Wie soll es aussehen?
Welche Besonderheiten braucht es?
Wie nenne ich es?

Selbstverständlich kannst du da noch etliche Fragen hinzufügen.
Das ist nur ein Beispiel, um dich auf die korrekte Fährte zu bringen.

Die dritte, zusammengefasste Frage wäre dann: Wo kaufe ich es?

Was will ich ausgeben?
Habe ich Platz zum Lagern?
Welche Fabrik stellt Wanduhren her?
Gibt es eine Fabrik in meiner Nähe, sodass ich die Produktion verstehen kann?
Vergleich Verkäufer.

Die vierte, zusammengefasste Frage: Wo verkaufe ich?

Gibt es spezielle Marktplätze für das Produkt?
Gibt es Bekannte, die das Produkt kaufen möchten?
Existieren Blogs, Webseiten, um das Produkt zu bewerben?
Läden, die das Produkt für Beteiligungen zum Verkauf anbieten möchten?

Empfehlung:

Wenn der Kunde 20 € zahlen soll, sollte dich das Produkt
(inkl. Versand vom Hersteller zu dir) 5-7 € betragen.
Orientiere dich an der 300 % Regel. Wenn das Produkt dich quasi 1 € kostet, verkaufe es für 4 €.
Sodass du nach Steuern noch ca. 2 € übrig hast.
Steuern sind ein wichtiges Thema: Lass dich professionell beraten, wenn du Umsätze erzielst.

SCHRITT 5 - 10 MONATE SPÄTER

Nach 10 Monaten hast du 7.000 € gespart.
Du hast einen Hersteller gefunden und dein Marktplatz/Netzwerk zum Verkaufen steht.
Die Wanduhr kostet uns beispielsweise 5 €.
Das heißt: Für 7.000 € kaufen wir 1.400 Wanduhren ein.
Wir sind soweit gut vorbereitet, dass der Verkauf nun starten kann.

WICHTIG. Wie bereits gesagt: Sei nicht traurig! Es ist okay, wenn du nicht direkt im ersten Monat
ausverkaufst. Verwende deine Zeit, um Kunden zu finden. FASS DEINE UMSÄTZE NICHT AN!
SCHRITT 1 IST ESSENZIELL!
Hinweis: Da du jetzt das Geld, dass du spartest, investiert hast, kannst du das Geld, was als Überschuss
zu deinen Fixkosten resultiert, in Werbung stecken. Du hast ein Handy, mach coole Bilder.
Schau dir YouTube Videos an, wie du Werbung schaltest. Wenn du es wirklich willst, ist es einfach.

SCHRITT 6 - WIEDERHOLEN

Sagen wir es dauerte 8 Monate bis das Produkt ausverkauft ist...
Nun - Wie viel Geld solltest du gemacht haben?

Kosten:
7.000 € Einkauf.
2.100 € für Werbeschaltungen und Strategien.

Umsatz:
28.000 € vom Verkauf
2.100 € vom Überschuss nach Fixkosten Abzug von deinem Job.

Gesamt:
30.100 €

DENKE NICHT IN GEWINN.
Das ist das Geld, das umgesetzt wurde und jetzt auf dem Geschäftskonto liegt.
Also wiederholen wir das Ganze, aber größer. (Skalierung)

Du hast ganz einfach 30 Tausend Euro in 1 1/2 Jahren gemacht. „Langsam ist sanft, sanft ist schnell."
Da du jetzt das Wissen über Fragen bezüglich Verkauf und Zielgruppe bereits besitzt, geht das ganze relativ schneller.

Nun nimmst du die 30 Tsd. für deine Investition.
30 Tsd. bei 5 € Stückpreis ergeben 6.000 Einheiten.
Du solltest in der Lage sein, innerhalb der Hälfte der vorher benötigten Zeit, auszuverkaufen.

Der Umsatz sollte nun wie folgt aussehen:

120.000 € von Verkäufen
2.100 € vom Überschuss nach Fixkosten Abzug von deinem Job.

Gesamt:
122.100 €

BOOM. Du hast innerhalb in unter 2 Jahren 120 Tausend Euro gemacht.

SCHRITT 7 - KÜNDIGE DEINEN JOB

Jetzt brauchst du mehr Zeit, um das Ganze erneut zu skalieren.
Nimm 12 Tsd. von deinem Umsatz und decke damit sicherheitshalber im Voraus deine Fixkosten, für ein Jahr. Du kannst deinen Lifestyle jetzt etwas freier angehen, wenn du möchtest.

SCHRITT 8 - WIEDERHOLEN

Nimm die 110 Tsd.
Steck 100 in Einkäufe und 10 in deine Werbeschaltungen bzw. Strategien.

Einfache Mathematik.,
Da du nun für 100K€ einkaufst, sollte dein Lieferant dir mind. 0,50 €/Stück nachlassen:

100k investiert bei 4,50 €/Stück macht 22.222 Einheiten.

Umsatz:
444K€

SCHRITT 9 - WIEDERHOLEN

Die Rechnung geht weiter.
Ich denke, die Strategie, die ich durch dieses Buch erklären wollte, ist angekommen.
Mit Schritt 9 sollte Kevin Millionär sein. Gern geschehen.

Schritt 10 - Finde was Neues

Mittlerweile hast du das System, nachdem du am besten arbeitest, gefunden.

Wiederhol es.
Zeig es Freunden.
Sei glücklich.
Mach Dinge, die du liebst.
Sei finanziell frei.

ACHTE IMMER AUF SCHRITT 1!
WENN DU DEN ÜBERBLICK ZU SCHRITT 1 VERLIERST,
KANNST DU SCHNELL WIEDER BROKE SEIN!

Es gibt ein deutsches Sprichwort: Das Geld liegt auf dem Boden, man muss sich nur bücken.

Ich sitze immer noch in dem Zug, den ich ganz zu Beginn erwähnte.
Es ist 01:43 Uhr.
Um 00:02 Uhr begann ich zu schreiben.
Eigentlich dachte ich, dass ich 10 Seiten benötigen würde. Es wurden 7.
Aber ich brauchte 10 Jahre, um diese Lektionen zu lernen und zu verstehen.

Mal sehen, wo mich meine Reise hinführt. Die Welt gehört uns.
Träume zurzeit davon, meine ersten Filme dieses Jahr zu drehen. Jede Story treibt mich an.
Wer weiß, vielleicht sehe ich irgendwann, wie jemand das hier liest. Vielleicht niemanden.
Ich habe es aber geschrieben, weil ich es mag Dinge in die Tat umzusetzen.

Meine Wenigkeit,

Farhad Tahir

Holzhacken ist deshalb
so beliebt, weil man
bei dieser Tätigkeit
den Erfolg sofort
sieht.

Albert Einstein

Mich beunruhigt nicht, dass sie meine Ideen stehlen. Mich beunruhigt, dass sie keine eigenen haben.

Nikola Tesla

Fortschritt

Fortschritt

Fortschritt

Fortschritt

Fortschritt

Fortschritt

Fortschritt

Fortschritt

Fortschritt

Fortschritt

Fortschritt

Fortschritt

Fortschritt

Fortschritt